Merle Rehberg

Integration und Exklusion am Arbeitsmarkt- Prekä
Perspektive Betroffener

GRIN - Verlag für akademische Texte

Der GRIN Verlag mit Sitz in München und Ravensburg hat sich seit der Gründung im Jahr 1998 auf die Veröffentlichung akademischer Texte spezialisiert.

Die Verlagswebseite http://www.grin.com/ ist für Studenten, Hochschullehrer und andere Akademiker die ideale Plattform, ihre Fachaufsätze und Studien-, Seminar-, Diplom- oder Doktorarbeiten einem breiten Publikum zu präsentieren.

Dokument Nr. V45506 aus dem GRIN Verlagsprogramm

Merle Rehberg

Integration und Exklusion am Arbeitsmarkt-Prekäre Beschäftigung aus der Perspektive Betroffener

GRIN Verlag

Bibliografische Information Der Deutschen Bibliothek: Die Deutsche Bibliothek verzeichnet diese Publikation in der Deutschen Nationalbibliografie; detaillierte bibliografische Daten sind im Internet über http://dnb.ddb.de/ abrufbar.

1. Auflage 2004
Copyright © 2004 GRIN Verlag
http://www.grin.com/
Druck und Bindung: Books on Demand GmbH, Norderstedt Germany
ISBN 978-3-638-65806-5

FernUniversität Hagen
Institut für Soziologie
Arbeit und Gesellschaft

Thema:
Integration und Exklusion - Prekäre Beschäftigung aus der Perspektive Betroffener

Grundstudium
1. Nebenfach
4. Fachsemester

Inhaltsverzeichnis 1

1. Einleitung

Betrachtet man die gegenwärtige Lage auf dem Arbeitsmarkt, dann drängt sich die Beobachtung auf, dass einem historisch beispiellosen Aufstieg der industriekapitalistischen Gesellschaften eine wachsende Anzahl von Personen gegenübersteht, die von der Teilhabe an gesellschaftlichen Errungenschaften ausgeschlossen sind [1]. Diesem Umstand versuchte die Soziologie in der Vergangenheit durch unterschiedliche begriffliche Bestimmungen Rechnung zu tragen. Ausgegangen wurde dabei in aller Regel von dem von W. J. Wilson geprägten Begriff der „Underclass" [2], der sich auf die Ghettosituation der Afroamerikaner amerikanischer Großstädte bezieht. Ein weiterer zentraler Begriff der Debatte, die sich in den 70er Jahren entspann und verstärkt in den 90er Jahren geführt wurde, war der aus Frankreich stammende und in der deutschen Diskussion gebräuchliche Begriff der „Social Exclusion". Beide Begriffe beschreiben das eingangs beschriebene Phänomen. Während aber „Underclass" einen Ist-Zustand beschreibt, hebt der Begriff der Exklusion auf den Prozesscharakter von Ausschließung ab [3]. Durch den Begriff der Exklusion werden Phasen und Übergänge auf dem Weg vom „Zentrum" der Gesellschaft zu ihrer „Peripherie" analytisch fassbar. „Underclass" beschreibt einen Zustand, in dem sich die Peripherie von der Mehrheitsgesellschaft abgespalten hat. Exklusion dagegen betont die Prozesshaftigkeit und die Umkehrbarkeit von Ausschließung.

Wenn aber von Ausschluss die Rede ist, dann muss auch gefragt werden, *wer* denn ausgeschlossen wird und *von wem*. Kennzeichen jener Gruppe der Ausgeschlossenen sind nach Wilson die marginale wirtschaftliche Lage und die gesellschaftliche Isolation der Betroffenen. Marginalisierung am Arbeitsmarkt bedeutet dabei, an den Rand oder sogar aus dem Erwerbssystem heraus gedrängt zu werden. Gesellschaftliche Isolation differenziert Kronauer [4] nach ökonomischer, kultureller, sozialer, räumlicher und institutioneller Ausgrenzung. Was das im Einzelnen bedeutet, wird später noch zu klären sein.

Vogel fasst unter die Gruppe der Ausgeschlossenen insbesondere ältere langzeitarbeitslose „Rationalisierungsverlierer", jüngere langzeitarbeitslose „Deklassierte" des wirtschaftlichen Strukturwandels, junge Arbeitslose, deren Einstieg in den Arbeitsmarkt „blockiert" ist sowie

---

[1] z.B. Arbeitslose, Sozialhilfeempfänger
[2] vgl.: Andreß (2000)
[3] vgl.: Kronauer (1996)
[4] vgl.: Kronauer (1999)

Sozialhilfeempfänger, Obdachlose und sonstige Arme[5]. Ausgangpunkt dieser Arbeit ist die Frage, ob Indizien dafür zu finden sind, dass prekäre Beschäftigung die Kriterien Marginalisierung am Arbeitsmarkt und gesellschaftliche Isolation ebenfalls erfüllt. Sollten nämlich prekäre Beschäftigungsverhältnisse als Teil des Ausschließungsprozesses von Teilen der Bevölkerung betrachtet werden können, dann müssen nicht nur Strategien zur individuellen Problembewältigung entwickelt werden, dann steht auch massiv die gesellschaftliche Integrationsfähigkeit in Frage: es muss gefragt werden, ob die herkömmlichen Systeme gesellschaftlicher Integration ihrer Aufgabe noch gerecht werden können, oder ob Alternativen gefunden werden müssen.

Im nächsten Kapitel soll daher zunächst die Gruppe prekär beschäftigter Personen näher bestimmt werden. Der empirische Teil stellt die Ergebnisse aus qualitativen Interviews dar, die mit Betroffenen geführt wurden. Ziel ist es, das subjektive Erleben ihrer Erwerbsbiographie herauszustellen. Das subjektive Erleben ist Hintergrund dafür, wie der Einzelne seine Identität innerhalb (!) der Gesellschaft bestimmt, wie er darin handelt und wie dieses Handeln auf die Gesellschaft zurückwirkt.

2. Prekäre Beschäftigung – eine theoretische Annäherung

2.1 Begriffsbestimmung

Zunächst soll also genauer geklärt werden, was prekäre Beschäftigung denn eigentlich ist, d.h. welche Beschäftigungsverhältnisse im Zusammenhang dieser Arbeit relevant sind.

In einem Positionspapier der Gruppe Blauer Montag wird betont, dass grundsätzlich innerhalb der industriekapitalistischen Wertschöpfungskette jede lohnabhängige Arbeit prekär in dem Sinne ist, dass jeder zu jeder Zeit von Arbeitslosigkeit bedroht ist, d.h. theoretisch gekündigt werden könnte. Prekarität meint zuerst also nichts anderes als „die garantierte Unsicherheit der Lebensbedingungen"[6]. Prekarisierung bedeutet dann: „mit Hilfe von Deregulierung der Arbeitsmärkte und Entrechtung der Lohnabhängigen einerseits und einem erheblichen Druck auf die Sozialleistungen andererseits wird der Zwang zur Arbeit verschärft durchgesetzt"[7]. Diese Definition ist zwar zutreffend, für den Zusammenhang der vorliegenden Arbeit aber zu allgemein um weiter zu führen. Prekarität ist durch Unsicherheit gekennzeichnet; die meiste Sicherheit ist nach wie vor vom Normalarbeitsverhältnis zu erwarten. Daher soll unter

---

[5] Vogel (2001a)
[6] Gruppe Blauer Montag (1998, S. 2)

3

prekärer Beschäftigung[8] alle in der Hauptsache auf den Erwerb von Geldmitteln abzielende Arbeit verstanden werden, die vom Normalarbeitsverhältnis abweicht. Es handelt sich hierbei im Wesentlichen um befristete Beschäftigung, geringfügige und andere, nicht-sozialversicherungspflichtige Beschäftigung, Leiharbeit und verschiedene Kombinationen. Das sind auch die Beschäftigungsformen, die in der BIBB/IAB-Erhebung 1998/1999 unter „unsichere Beschäftigung" gefasst werden. Allerdings wird Teilzeitbeschäftigung separat behandelt und nicht zu unsicheren Beschäftigungsverhältnissen gezählt. Teilzeitarbeit soll hier aber unter prekärer Beschäftigung abgefasst werden, da sie von jenem Arbeitsverhältnis mit dem höchsten Prestige und der meisten Sicherheit in dieser Gesellschaft ebenso abweicht, wie andere Formen prekärer Beschäftigung. Das auch selbständige, nicht abhängige Beschäftigungsverhältnisse prekär sein können, wird zu zeigen sein.

Auf den Begriff der Exklusion bezogen wird prekäre Beschäftigung als ein Verhältnis konzipiert, dass am Rand der Erwerbsarbeitsgesellschaft angesiedelt ist und Symptom des Übergangs von „drinnen" nach „draußen" ist. Die Grenzzonen zwischen „drinnen" und Peripherie werden in höherqualifizierter befristeter Beschäftigung und Teilzeitarbeit deutlich, die Übergänge zwischen „draußen" und Peripherie sollen durch gering oder kaum qualifizierte geringfügige Beschäftigung oder Saisonarbeit deutlich werden.

2.2 Abgrenzung der Zielgruppe

Ausgangspunkt für die Wahl der Zielgruppe war die Beobachtung, dass sowohl jene Gruppe von Personen, die fest in das Erwerbssystem integriert sind (Normalarbeitsverhältnis), wie auch jene, die davon ausgeschlossen sind (Langzeitarbeitslose, Sozialhilfeempfänger), einer interdisziplinären wissenschaftlichen Debatte zugeführt wurden. Die „peripheren" Bereiche der Erwerbsgesellschaft werden (von einigen Ausnahmen in den 90er Jahren abgesehen) erst in jüngster Zeit in den Fokus des Interesses gerückt; und hier in vielen Fällen auch nur implizit in der Auseinandersetzung um den Niedriglohnsektor[9] oder in der Diskussion um die Erosion des Normalarbeitsverhältnisses[10]. In der Debatte um das Kollabieren der sozialen Sicherungssysteme angesichts steigender Flexibilisierungs-Ansprüche an die Arbeitnehmer dagegen werden explizit jene Gruppen behandelt, die durch die Koppelung von Erwerbsarbeit und sozialer Sicherung auf Grund ihrer diskontinuierlichen Erwerbsbiographie nur noch durch „einen seidenen Faden" an die Sicherungssysteme angeschlossen sind. Die

---

[7] dies., a. a. O., S. 3
[8] gelegentlich wird auch von „atypischer" Beschäftigung gesprochen
[9] Bosch et al.(2001)
[10] Wagner (2000)

4

Beschäftigungsformen, die in der Studie des WSI zu dieser Thematik betrachtet wurden, decken sich mit jenen, die oben in der Definition prekärer Beschäftigung bereits genannt wurden[11].

Konkret handelt es sich um Personen, die zum Zeitpunkt der Erhebung in einem der oben genannten Beschäftigungsverhältnisse standen. Aus Gründen der Praktikabilität wurden fünf Frauen und fünf Männer aus Rheinland-Pfalz interviewt.

Bevor zu den Ergebnissen der Untersuchung zu kommen ist, sollen im Folgenden Kriterien und Indikatoren für ökonomische Marginalisierung und soziale Isolation gefunden werden.

2.3 Marginalisierung am Arbeitsmarkt und soziale Isolation: Kriterien und Indikatoren

Wenn zu Beginn die Rede davon war, die Kronauer'schen Kriterien einer schwachen Anbindung an den Arbeitsmarkt und gesellschaftlicher Isolation auf prekäre Beschäftigung anzuwenden und zu überprüfen, inwieweit sie hier zutreffen, dann ist es notwendig, genauer zu fragen, wie Indizien für Marginalisierung und Isolation denn gefunden werden sollen; d.h., welche Bedingungen als Indikatoren dienen können, um Marginalisierung am Arbeitsmarkt und soziale Isolation nachzuweisen. Diese dafür verwendeten Indikatoren sollen hier kurz dargestellt werden.

1995 nahm Kronauer noch an, extreme Langzeitarbeitslosigkeit sei unter den Bedingungen des westdeutschen Arbeitsmarktes ein gültiger Indikator für eine geringe Anbindung an den Arbeitsmarkt. Die begrenzte Kraft seines Indikators macht er allerdings sogleich deutlich: für Frauen treffe er auf Grund ihrer besonderen Erwerbsbiographie nur begrenzt zu, darüber hinaus sei für Personen, die älter als 45 Jahre sind, bereits die Kündigung quasi die Ausgrenzung. Die Erfahrung der vergangenen Jahre, spätestens seit dem 11. September 2001, und die darauf folgende Rezession hat es aber nahe gelegt, diese Angaben zu revidieren. So muss wohl heute bereits eine Arbeitslosigkeit von mehr als 13 Monaten sowie zumindest bei Hochqualifizierten ein Alter von 35 bis 40 Jahren als Schwellenwert angenommen werden[12]. Deutet aber Arbeitslosigkeit allein auf eine schwache Anbindung an den Arbeitsmarkt hin? Das Ausscheiden aus dem Erwerbsleben allein kann unter den Bedingungen der modernen Marktverhältnisse nicht mehr als einziges Problem gewertet werden. Dagegen scheint es eine wachsende Anzahl von Personen zu geben, die gerade durch ihre Einbindung in das

---

[11] Klammer (2001)

[12] vgl.: Zempel (1997). Mit der erfolglosen Stellensuche schwindet das Vertrauen in die eigenen Fähigkeiten

Erwerbsleben von der Teilhabe an gesellschaftlichen Errungenschaften ausgeschlossen sind. Zur Verdeutlichung sei ein Beispiel gestattet: Jene allein erziehende Mutter, die von 5-7 Uhr Zeitungen austrägt, von 8:30-11:30 Uhr die Praxis eines Zahnarztes reinigt, von 14-18 Uhr den Haushalt der alten Dame von gegenüber macht und von 20-22 Uhr Kugelschreiber zusammenschraubt, ist schon lange kein Einzelfall mehr. Auch wenn das Beispiel überzeichnet erscheint, haben ähnliche Verhältnisse doch längst auch Eingang in traditionell männliche Bereiche gefunden, bspw. im Sicherheitsdiestleistungsbereich. Kronauer schreibt, zwar in Bezug auf Arbeitslose und Sozialhilfeempfänger: „Immer mehr Menschen werden an den Rand ...[des Beschäftigungssystems, M. H.] gedrängt. Sie verlieren damit sowohl den Zugang zum relativen Wohlstand der Bevölkerungsmehrheit, als auch zu deren Ambitionen für die Zukunft. In wichtigen Dimensionen sind sie und erleben sie sich von den akzeptierten Standards ausgeschlossen."[13] Was aber macht den relativen Wohlstand und die akzeptierten Standards aus? Im Anschluss an diese Frage sollen der Grad der Teilhabe am gesellschaftlichen Wohlstand und der Erfüllung gesellschaftlicher Normen als Indikatoren für den Grad der gesellschaftlichen Integration genutzt werden. Im Einzelnen sind das:

a) Konsumverhalten, -möglichkeiten

b) Bildung und Bildungschancen

c) soziale Netze, Herkunftsfamilie

d) Sicherheit beruflicher und familiärer Planung

e) Wohnverhältnisse, Auto, Mobilität.

Darüber hinaus hat das Normalarbeitsverhältnis nichts von seiner normativen Kraft verloren, verspricht es doch die meiste Sicherheit. Daher kann allein schon das Herausfallen aus dem Normalarbeitsverhältnis besonders in traditionell hoch qualifizierten und hoch bezahlten Bereichen (z. B. bei Akademikern) zu Exklusionsprozessen führen. Der Ausschluss von den Chancen, in ein Normalarbeitsverhältnis einzutreten, kann außerdem auch als Indikator für eine schwache Anbindung an den Arbeitsmarkt und eine marginale ökonomische Situation gewertet werden. Das kann abgelesen werden an:

a) Arbeitsverhältnis

b) Haushaltseinkommen, Abhängigkeit von staatlichen Leistungen

c) Alter, Qualifikation

d) familiäre Situation (insbesondere bei Frauen)

e) Wohnverhältnisse, Auto, Mobilität.

---

[13] Kronauer (1996, S. 56)

Diese Liste wäre beliebig erweiterbar. Denkbar wäre zum Beispiel der Aspekt der physischen und psychischen Gesundheit. Um aber den Rahmen der vorliegenden Arbeit nicht über Gebühr zu dehnen, muss die dargestellte Beschränkung hingenommen werden.

3. Prekäre Beschäftigung – eine empirische Erkundung

3.1 Methodik

Nach oben beschriebenen Indikatoren wurde ein Leitfaden entwickelt, durch den durch qualitative Interviews die Lage der Betroffenen exemplarisch und aus subjektiver Sicht ermittelt werden sollte[14]. Im Vorfeld der Interviews wurde den Partnern mitgeteilt, dass das Thema der Arbeit Arbeitsverhältnisse seien, die vom Normalarbeitsverhältnis abweichen. Das es im eigentlichen Sinne um Prekarität ging, wussten sie nicht.

Die Interviews wurden chronologisch nummeriert (Interview 1 wurde auch als erstes geführt[15]) und vollständig transkribiert. Verwendet wurde dabei eine Technik, die an Kallmeyer und Schütze (1976) anschließt, jedoch vereinfacht wurde[16].

Zu Beginn der Auswertung stellte sich heraus, dass oben aufgeführte Indikatoren dem Erlebenshorizont des Individuums nicht gerecht werden. Daher mussten sie modifiziert und präzisiert werden. Anstatt sie nur an den Interviews zu überprüfen, wurde nach den Regeln des Thematischen Kodierens, wie sie bei Flick[17] dargestellt sind, aus den ersten Fällen eine thematische Struktur erarbeitet, die an den folgenden Fällen kontinuierlich überprüft und, wenn nötig, modifiziert wurde[18]. Anhand dieser inhaltlichen Gliederung wurden Fallanalysen durchgeführt, die einerseits fallspezifische Besonderheiten sichtbar machen, andererseits den Vergleich der Fälle ermöglichen sollten. Dieses Vorgehen ermöglichte eine offenere Herangehensweise an die Fälle und gestattete den Einbezug weiterer relevanter Aspekte, die über den oben dargestellten Bereich hinaus gehen. Durch dieses vergleichsweise aufwendige Vorgehen wurden viele relevante Einzelheiten bezüglich der einzelnen Fälle sichtbar[19]. Leider ist es nicht möglich, diese Ergebnisse, die angesichts der Komplexität jeden einzelnen Falls nur als vorläufige betrachtet werden können, hier detailliert darzustellen. Stattdessen sollen durch Vergleiche Phasen und Übergänge auf dem Weg vom Normalarbeitsverhältnis zu prekärsten Arbeitsverhältnissen sichtbar werden. Der Hinweis auf besondere

---

[14] Lamnek (1989), Flick (2002) Ein Exemplar des verwendeten Leitfadens findet sich im Anhang A
[15] Interview 6 wurde, weil außerhalb der Zielgruppe, von der Auswertung ausgeschlossen
[16] Ein Schlüssel der in den hier abgedruckten Interview-Teilen verwendeten Zeichen findet sich im Anhang B
[17] Flick (2002)
[18] Ein Exemplar der thematischen Struktur findet sich im Anhang C
[19] Kurzbeschreibungen der Fälle finden sich im Anhang D

Kontextbedingungen des jeweiligen Falls erfolgt dann, wenn er für den Zusammenhang notwendig erscheint.

3.2 Ergebnisse

Es sollen nun einige als besonders relevant erscheinende Ergebnisse aufgezeigt werden. Dabei werden die aussagekräftigsten Passagen in den Zitaten *kursiv* markiert.

3.2.1 Formen von Prekarität und Exklusion

Bevor weitere Ergebnisse dargestellt werden können, muss zunächst geklärt werden, welche Formen von Exklusion ausgemacht werden konnten. Als Indikator für ökonomische Ausgrenzung soll finanzielle Schlechterstellung dienen, wie sie beispielsweise in Interview 5 zum Ausdruck kommt:

B: Was mich ein bisschen daran ärgert ist, *also im öffentlichen Dienst, als Facharbeiter ist man normalerweise eine Stufe höher.* Das machen die aber nicht. Warum weiß ich nicht.[20]

Für institutionelle Ausgrenzung soll der Ausschluss von der Nutzung institutioneller Angebote als Indikator gelten.

B: Also es fängt mit der Krankenkasse an. Da bin ich ja nur genervt, wenn ich da mal hingehe und irgendetwas Frage und da nehm ich dann schon en Zettel mit: Da haben Sie in Ihrer Zeitung geschrieben, so und so ist das, *und da möchte ich das jetzt mal so beantragen - ja, bei ihnen geht das aber nicht, oder irgend etwas sagen se immer. Irgendwie geht's dann doch nie, wegen irgendwas.*[21]

Soziale Ausgrenzung ist jener Mechanismus, der neben der ökonomischen Ausgrenzung am stärksten wirkt. Es ist eine Ausgrenzung, die sich im persönlichen Kontakt mit einem anderen Menschen manifestiert und daher besonders schmerzhaft erfahren werden kann:

B: In dem Moment wo ich arbeitslos bin, bin ich halt Kunde für die, ja, und so werde ich da nicht behandelt. Man wird schon mehr oder weniger als Bittsteller, als, als, weiß ich nicht, *als arbeitsscheuer Mensch zweiter Klasse, so ein bisschen behandelt,* hab ich das Gefühl.[22]

Als Formen der Prekarisierung im beruflichen Umfeld soll zwischen Selbständigen und abhängig Beschäftigten unterschieden werden. Während bei abhängig Beschäftigten die Prekarität aus der Unsicherheit des Arbeitsplatzes, beispielsweise durch Befristung, herrührt, ist es bei Selbständigen die Unsicherheit der Marktlage, die die Prekarität der Lebensbedingungen bewirkt. Offenbar ist gerade auch die Prekarisierung von Arbeit ein

---

[20] I 5:35/14-16; heißt Interview 5, Seite 35, Zeilen 14 bis 16
[21] I 2:26/10-14
[22] I 3:15/18-22

Mittel der Unternehmen, das Risiko, das, da sie ja auch den Profit haben, eigentlich sie zu tragen hätten, auf die Mitarbeiter abzuwälzen. Das Arrangement zwischen Arbeitgebern und Arbeitnehmern – erste bekommen für ihr Risiko den Gewinn, letztere für ihre Arbeit die Sicherheit – wie es seit der Mitte des vergangen Jahrhunderts bestand, wird einseitig aufgekündigt. Stattdessen wird das Risiko des Marktes den Mitarbeitern zugemutet.

B: Und jetzt bin ich eben bei [Firma12] und hab nen Vertrag bis Ende des Jahres 2005 mit der freundlichen Absicht von [Firma12], dass sie, wenn die Marktlage und die Auftragslage das zulässt, das auch zu verlängern[23]

3.2.2 Soziale Bedingungen

Der Einzelne ist erheblich auf die Nutzung privater Kontakte für die berufliche Entwicklung angewiesen. Insbesondere bei Selbständigen gehört die Teilnahme an gesellschaftlichen Ereignissen zum Beruf. Von Ausgrenzung kann hier kaum gesprochen werden.

Die Frage, ob prekäre Beschäftigungsverhältnisse zu Schwierigkeiten in betrieblichen Arbeitsabläufen führen, muss bejaht werden. So schildert die Interviewpartnerin 1 beispielsweise:

B: Nee, also eine halbe Stelle bleibt auf jeden Fall übrig. Also wenn sie ginge, dann hätt ich meine halbe Stelle.(Pause) In gewisser Weise ist ne Konkurrenzsituation da, aber eigentlich möchte jeder, der damit zutun hat, dass da keine Konkurrenzsituation aufkommt.[24]

Die Aufrechterhaltung guter sozialer Verhältnisse am Arbeitsplatz ist unter den Bedingungen prekärer Beschäftigung offenbar mit erhöhtem Aufwand verbunden. Der Interviewpartner 7 berichtet:

B: So, und natürlich, ja, die Festangestellten, die natürlich länger da waren und mitunter auch mehr Erfahrung hatten in speziellen Bereichen, die hatten dann meistens auch ne leitende Position in den Projekten, was aber, ja nichts mit der Qualifikation zu tun hatte, sondern damit zu tun hatte, dass sie eben länger dort waren. *Im Gegenteil, die Projektmitarbeiter waren oft qualifizierter als die Festangestellten.*[25]

Die sozialen Bedingungen am Arbeitsplatz hängen sehr von der Gestaltung durch den Arbeitgeber ab.

B: Also man merkt da ... bei ... jetzt ... *ich glaub das ist aber ne Ausnahme, im [Firma] merkt man wirklich überhaupt nicht, dass man nur in dem Sinne nen 400 Euro Job hat* und hier wirklich nur so ne Aushilfe eigentlich ist, ne. Und *die behandeln mich genau wie nen Kollegen.*[26]

---

[23] I 7:5/10-13
[24] I 1:14/21-24
[25] I 7:9/38-43
[26] I 2:4/21-25

3.2.3 Zwischen Arbeit und Privatleben

Entgegen dem ersten Versuch, alle Aspekte des individuellen Erlebnishorizonts vollständig unter die Bereiche Privates, Betriebliches und Öffentliches zu ordnen, wurde bereits zu Beginn der Auswertungen deutlich, dass sich einige Aspekte in Bereichen abspielen, die sich nicht eindeutig einer dieser Ebenen zuordnen lassen. Das sind offenbar insbesondere die Aspekte Zeitmanagement und Mobilität. Darüber hinaus wurde deutlich, dass sich mit wachsender Eigenverantwortung und zeitlicher Selbstorganisation die herkömmliche Trennung von Arbeit und Privatleben zunehmend auflöst. Das wurde insbesondere in Interview 3 klar: Der Interviewpartner expliziert mehrmals seine Abneigung gegen den zeitlichen Zwang, den er in Normalarbeitsverhältnissen stets empfunden habe. Als Ich-AG kann er sich seine Zeit nun relativ frei einteilen. Dabei wird die Aufhebung der Trennung von Arbeit und Privatleben deutlich. Der Interviewpartner stellt die übliche Trennung explizit in Frage:

B: *Muss das unbedingt sein, dass man das trennt?*[27]

Er zieht stattdessen etwas vor, was ich „organisches Leben" nennen möchte. Es handelt sich hierbei um eine flexible, insbesondere an die körperlichen Bedürfnisse des Einzelnen angepasste Lebensweise, welche das Element Arbeit organisch in den Tagesablauf integriert:

B: Ja, so, *ich steh halt auf, frühstücke, setz mich an den Computer oder setz mich erst an den Computer, und wenn ich dann Hunger hab, dann frühstücke ich halt, und wenn ich fertig bin, dann gehe ich halt wieder an den Computer.* Also muss man nicht unbedingt trennen. [28]

Es zeigt sich aber, dass ein solches Maß an Freiheit auch einen hohen Aufwand an zeitlicher Selbstorganisation bedeutet.

B: Weil das ist halt, *das ist halt schon gefährlich,* also da muss man sich, also da muss man sich... da muss man halt gucken, dass man sich die Zeit ein bisschen, ein bisschen sich einteilt. So dass man da zu bestimmten Zeiten die Freiräume auch hat. [29]

Verglichen mit anderen prekären Beschäftigungsformen zeigt sich, das der Aufwand für das individuelle Zeitmanagement mit dem Grad der Prekarisierung steigt. Bei befristeter Beschäftigung ist der Tagesablauf gleich dem Normalarbeitsverhältnis und es gibt geregelte Arbeitszeiten[30]. Schon bei Teilzeitbeschäftigung ist das anders. Durch individuelle Arrangements mit dem Arbeitgeber ist unter Umständen eine relativ freie Zeitgestaltung

---

[27] I 3:11/24
[28] I 3:11/37-40
[29] I 3:11/43-12/1
[30] I 7: Postscript

möglich, die dem Einzelnen mehr Verantwortung auferlegt. Dadurch wird es notwendig, jeden Tag neu zu organisieren:

B: Und, ja, wenn ich arbeiten gehe, dann fahr ich halt um kurz vor acht, bin dann um halb eins wieder hier, mach Mittagessen, (Pause) dann kommt er um kurz nach eins. Und ... ja also ... *die Tage sind ja auch unterschiedlich*, ne. Wenn ich nicht arbeiten gehe, Montagen dann mach ich morgens noch irgendwelche Sachen, koch dann, nachmittags, je nach dem dann was mit dem Kind oder beiden und die Tage wo ich ganz arbeiten gehe bring ich den morgens dann zum Bus und komm dann halt um fünf, halb sechs wieder. [31]

In noch prekäreren Verhältnissen wird die Organisation des Tagesablaufs zum Kunstwerk, insbesondere dann, wenn Kinder betreut werden müssen. Die Interviewpartnerin 8 arbeitet in Teilzeit und nebenbei geringfügig. Sie berichtet über ihren Tagesablauf:

B: Also von um 8 bis um 12 in der Regel, um 1 dann nach hause, wobei die geringfügige Beschäftigung nur an bestimmten Tagen ist, oder wenn jemand ausfällt, ne Schicht grad kurz belegen. Normal dann nur das, das ist aber auch ein bisschen chaotisch dort, im Sonnenstudio, weil mittlerweile kurz hintereinander 2 Mitarbeiterinnen ausgefallen sind, und dich hab vorher, ne, nur samstags und sonntags gearbeitet, Frühstart, *also ich arbeite eigentlich die immer die ganze Woche.*

I: *Sieben Tage in der Woche. Aha.*

B: *Ja und samstags von 10 bis halb 3 und sonntags von halb 10 bis um 1. und da wie gesagt vor kurzem 2 Mitarbeiterinnen dort sehr kurzfristig weg sind, arbeite ich da Mittwoch, Freitag, Samstag und Sonntag.* Gott sei dank nur noch nächste Woche und dann hab ich wirklich erst mal 3 Wochen hab mir auch bewusst, da, 3 Wochen mach ich gar nichts ich bin mal gespannt wie das wird. Ja, weil sonst ist es schon so, jetzt mal wenn ich mittwochs und freitags dann ins Sonnenstudio gehe, dann ja, 8-12 hier, dann nur ach hause, kochen, dann kommen die Kinder, Hausaufgaben, dann, einen Teil machen sie dann aber auch so mündlich selbst. Die Kleine geht aber dienstags und donnerstags zum Kunstturnen, und der Große, mit der Kleinen zusammen montags und mittwochs zum Tek-won-do, dann kommen die aber auch abends alle erst so um 6, um 7, wenn ich im Sonnenstudio bin machen die sich, dann ist das Abendbrot, machen sie sich ein Brot, oder ich hab das selber fertig, duschen sich und dann sind Hausaufgaben, das ist halt alles fertig, und dann komm ich kurz nach neun. [32]

Insbesondere für Mütter ist Teilzeitbeschäftigung nach wie vor der einzige Weg, überhaupt einer beruflichen Tätigkeit nachzugehen.

Erwartungsgemäß ist die zeitliche Organisation der Arbeit ein zentrales Problem der modernen Arbeitsgesellschaft. Dabei scheint der chronische „Zeitmangel" des arbeitsfähigen Bürgers eine besondere Funktion im gegenwärtigen System zu erfüllen, zu deren Verdeutlichung hier noch einige Zitate folgen sollen:

Befristete Beschäftigung: „Ja, und *da bleibt irgendwie nicht soviel Zeit*, wenn man sich dann noch bei Freunden treffen will, abends mal, also ich wüsste im Moment nicht, wo regelmäßig einmal pro Woche so ne Sportveranstaltung oder ne Vereinsveranstaltung unterbringen sollte."[33]

Teilzeitbeschäftigung: „Ja, man will mal ins Theater gehen, ist dann grad an ne Vorstellung, *aber ich*

---

[31] I 1:8/42-9/6
[32] I 8: 10/32-11/10
[33] I 7:13/35-38

hab dann Schicht, und das geht dann nicht."[34] *„Das Privatleben ist wirklich sehr eingeschränkt.*"[35] *„Das geht ja immer weiter mit der Arbeit, und kann man auch nicht so richtig abschalten, meine Tochter, bedingt durch Kunstturnen, sie ist sehr gut, hat auch sehr viele Wettkämpfe, wo ich noch Kampfrichter gemacht hab, aber das mach ich nicht mehr, weil ich gesagt hab, Leute ich bin einfach zu müde, das schaff ich nicht mehr.*"[36]
Selbständigkeit: *„Ich war früher im Sportverein gewesen. Ja. Aber von der Zeit her geht's nicht mehr.*"[37]

Angesichts dieser Äußerungen muss der Verdacht ausgesprochen werden, dass der Zeitmangel der arbeitenden Bürger konstituierendes Element des industriekapitalistischen Systems ist. Alle einbezogenen Fälle verfügen über ein ausgeprägtes gesellschaftliches Problembewusstsein. Die Einzelnen sind durchaus interessiert und informiert über die aktuellen Entwicklungen in unserer Gesellschaft. In den meisten Fällen stimmen sie diesen nicht zu. Um sich aber dagegen zu wehren, fehlt ihnen die Zeit. Dies gilt vermutlich für das Normalarbeitsverhältnis genauso, wie für den prekär Beschäftigten und den Arbeitslosen. Ersterer hat keine Zeit, weil er arbeiten muss, letzterer verbringt seine Zeit mit der Suche nach Arbeit.

Allerdings lassen sich auch Hinweise dafür finden, dass der angebliche Zeitmangel ein vorgeschobener Grund für mangelndes gesellschaftliches Engagement sein könnte. Alle Fälle verfügen ja über ein gewisses Maß an Freizeit. Es zeigt sich aber, dass gerade auch die höher Qualifizierten ihre Freizeit anderweitig nutzen:

B: *Alles andere, was ich jetzt seit längerer Zeit für diese Branche brauch, ja selber angeeignet. Oder dann halt noch n bisschen Weiterbildung gemacht. Freitag, Samstag immer nach Köln in die Schule noch mal gefahren, speziell für den Multimediabereich, hab da noch weiter gemacht.*[38]

B: *Permanent Literatur lesen, schauen, was es neues gibt, sich informieren darüber, öfters mal abends n Fachbuch zu hause mal am lesen.*[39]

B: *Also muss ich mir aber die neue Software wieder aneignen. Dann gibt's wieder neue Technologien dazu, und da wieder n bisschen fitter zu sein. Also es ist (Pause) es ist hart, ja.*[40]

Besonders im letzten Zitat wird die harte Konkurrenz sichtbar. Dass das aber nicht nur bei Selbständigen zutrifft, zeigt der befristet beschäftigte Interviewpartner 7, der arbeitslose Phasen, Phasen reduzierter Beschäftigung und auch seine Freizeit für die berufliche Weiterbildung nutzt.

---

[34] I 8:11/29f.
[35] I 8:11/35
[36] I 8:11/37-42
[37] I 9:9/5f.
[38] I 9:16/39-42
[39] I 9:27f.
[40] I 9:17/23-25

B: *Ich bin dann auch in der Freizeit draußen unterwegs. Erkunde die Landschaft. Vor allem eben faunistisch und floristisch auch. Dazu Ornithologie, ist eben auch schon ein Hobby, oder Botanik, ne, das mach ich also nicht bloß hier im Büro, sondern dass mach ich dann auch privat.*[41]

Der Grad der Prekarität steigt in dem Maße, wie die Aktivitäten zur Weiterbildung abnehmen.

3.2.4 Integration und Exklusion

Ausgrenzungsformen erhalten ihren problematischen Charakter offensichtlich erst durch das Zusammenspiel mit anderen Formen der Ausgrenzung. Es wurden Beispiele für fast alle Kombinationen aus institutioneller, ökonomischer, sozialer und räumlicher Ausgrenzung gefunden. Interessant erscheint aber insbesondere die Beobachtung, dass gerade auch Integration in einem Bereich Exklusionsprozesse in anderen Bereichen provozieren kann. Das wurde vor allem im Interview 2 deutlich: Als Minijobber muss sich die Interviewpartnerin selbst versichern, weshalb von den 400 Euro 130 Euro für die Krankenkasse abgehen. Die Versicherungspflicht, hier verstanden als institutionelle Integration, bewirkt eine finanzieller Verschlechterung. Aufgrund ihres Bausparvertrages (= ökonomische Integration) erhält sie keine Arbeitslosenhilfe (= institutionelle und ökonomische Ausgrenzung).

B: *Und die, wo ich dann Arbeitslosenhilfe beantragt hatt, haben gesagt, also die haben das ausgerechnet und haben gesagt: Nein der Bausparvertrag ist schon zu hoch, die haben mich praktisch gezwungen, ich müsste den auflösen, obwohl er noch nicht fertig ist, dann musst du ja die ganzen Sparzulagen zurückzahlen und so was (-)*[42]

Hier wird ein für den Einzelfall fataler Mechanismus deutlich: Die Gewährung von Arbeitslosenhilfe, gewertet als institutionelle Integration, ist abhängig von der Auflösung des Bausparvertrages, was als ökonomische Exklusion betrachtet werden kann. Die Interviewpartnerin muss sich also zwischen zwei Formen der Exklusion entscheiden. Ihr tatsächliches Verhalten wird unerheblich, es führt in jedem Fall zur Exklusion.

Darüber hinaus hat die Interviewpartnerin 2 auch Erfahrungen mit jenen Versuchen staatlicher Integration gemacht, die ich „Zwangsintegration" nenne.[43] Hierbei handelt es sich im Wesentlichen um die Reintegrationsmaßnahmen, Seminare und Fortbildungen der Bundesagentur für Arbeit.

B: *(-) dann war ich arbeitslos, aber auch nur ein Monat oder so, dann war ich direkt in so nen Kurs gesteckt worden, um Bewerbungen zu üben und so was (-)*[44]

---

[41] I 7:13/17-21
[42] I 2:7/31-36
[43] Alle Versuche, einen weniger drastischen Begriff zu bilden, scheiterten an der erlebten Realität des Einzelnen.
[44] I 2:9/16-18

Formulierungen wie „in so nen Kurs gesteckt worden" zeigen an, dass sich die Betroffenen als Ware behandelt fühlen. Sie sind nicht mehr selbst aktiv; implizit wird ihnen die Fähigkeit abgesprochen, für sich selbst sinnvolle Entscheidungen zu treffen. Solche Formulierungen sind bei fast allen Fällen unabhängig vom Grad der Prekarisierung zu finden. Dass solche Versuche staatlich verordneter Zwangsintegration keineswegs immer zum Erfolg führen, berichtet der Interviewpartner 7:

B: *Hatte mir dort auch schon mal so was aus geguckt, was ich gerne machen würde*, bin dann zum zuständigen Arbeitsamt, und hab gesagt hier, das und das würde ich gerne machen, bin arbeitssuchend, und der Berater vom Arbeitsamt meinte dann: Ja, da haben wir was viel besseres, das machen wir auch selbst, wir haben da ne eigene Fortbildung, und *dann stecken wir Sie doch darein, was halten Sie davon? Hm, Na ja gut. So und diese Fortbildung war eben vom Arbeitsamt finanziert (-)*[45]

Gerade am Ende des Zitates wird deutlich, dass der Interviewpartner diese Maßnahme eigentlich nicht wollte, er sich aber der Tatsache bewusst war, dass das Arbeitsamt ihn dazu nötigen konnte, denn diese Fortbildung wurde „vom Arbeitsamt finanziert". Wie gerade auch hoch qualifizierte Betroffene mit solcher Entmündigung umgehen, zeigt der weitere Bericht des Interviewpartners 7:

B: Die Dozenten waren schlecht bis, na ja mäßig, es gab wenig gute. *Und entsprechend demotiviert waren die Leute dort, es gab viel mehr Zoff als ich mir das hab vorstellen können, es wurden Dozenten dort rausgemobbt und -geekelt*, also es war total heftig.[46]

Offensichtlich werden Wut und Hilflosigkeit über Demütigung und Entmündigung auf die Dozenten übertragen. Das Seminar führte den Interviewpartner in seiner beruflichen Entwicklung nicht weiter. Erst durch weitere Eigeninitiative unabhängig von der Bundesagentur und unter individuellen Absprachen mit dem Arbeitgeber konnte er eine Stelle finden. Wie tief die Erfahrungen von Entmündigung und Abwertung wirken, zeigt sich in Interview 2:

B: *Ich saß da meine Zeit ab*, ich war, na gut...
I: War das ne Pflichtgeschichte?
B: Muss man, weil ich arbeitslos war, muss man verpflichtend... *und damit die Arbeitslosen nicht verwildern oder was* (-)[47]

Diese tief empfundene Abwertung hat die Interviewpartnerin verinnerlicht:

B: (-) im [Firma] merkt man wirklich überhaupt nicht, dass man nur in dem Sinne nen 400 Euro Job hat und hier *wirklich nur so ne Aushilfe eigentlich ist* (-)[48]

---

[45] I 7:2/24-31
[46] I 7:3/6-10
[47] I 2:23/15-19
[48] I 2:4/22-24

B: (-) und normalerweise haben die eben überhaupt keine Probleme damit, *Leute wie mich einzustellen.*[49]

Bei aller objektiv angestrebter Integration der Betroffenen durch die Bundesagentur erlebt der einzelne doch stark den Ausschluss aus der Gesellschaft und fühlt sich behandelt als „arbeitsscheuer Mensch zweiter Klasse".[50] Deutlicher können Exklusionsprozesse kaum benannt werden, und sie betreffen nicht nur Langzeitarbeitslose und Sozialhilfeempfänger, sondern gerade auch Beschäftigte in unsicheren Verhältnissen.

Wenn man diese Menschen nach ihrer Zukunft fragt, dann heben sie hilflos die Schultern. Hoffnung konnte als wesentlicher Bestandteil des Bewältigungsprozesses ausgemacht werden.

B: *Aber man weiß es halt auch nicht.* Vielleicht sieht es auch in zwei Jahren in der ganzen IT-Branche wieder anders aus.[51]

Solange die Verhältnisse noch unsicher sind, solange noch nichts entschieden ist, solange besteht immerhin auch die Möglichkeit, dass alles noch einmal besser wird. „Es ist so unsicher geworden."[52]

4.   Prekäre Beschäftigung – Konsequenzen

4.1   Zusammenfassung

Ansatzpunkt der Untersuchung war die Frage, ob die Kriterien soziale Isolation und Marginalisierung am Arbeitsmarkt als Charakteristika von Exklusion auch auf prekäre Beschäftigung zutreffen. Als prekäre Beschäftigung wurden Verhältnisse definiert, die vom Normalarbeitsverhältnis abweichen. Durch qualitative Interviews mit Betroffenen wurde versucht, Indikatoren für soziale Isolation und eine marginale ökonomische Position nachzuweisen, um Indizien für Exklusionsprozesse innerhalb der Gesellschaft aufzeigen zu können. Gerade auch die Tatsache, dass Marginalisierung am Arbeitsmarkt und soziale Isolation nur   teilweise erfüllt sind, zeigt den Exklusionsprozess an. Wären sie vollständig gültig, müssten prekär Beschäftigte zu jenen Ausgeschlossenen gezählt werden. Das dies nicht möglich ist, wurde oben gezeigt. In dem Sinne wurden nicht etwa Indizien für Exklusion als vollendete Tatsache gefunden, sondern für einen Exklusionsprozess, der die Beschäftigungsverhältnisse nach dem Grad ihrer Prekarität klassifiziert. Je prekärer die

---

[49] I 2:4/6f.
[50] I 3:15/21
[51] I 1:15/34f.
[52] I 1:16/12

berufliche Situation des Einzelnen, desto mehr Erfahrung mit den verschiedenen Formen der Ausgrenzung wird er vermutlich machen.

Es muss nun gefragt werden, wie die bei den Betroffenen vorgefundenen Bedingungen auf die Gesellschaft zurückwirken. Selbstverständlich kann diese Frage hier nicht erschöpfend beantwortet werden. Dazu wären weitere umfangreiche Untersuchungen zu den einzelnen Arbeitsverhältnissen notwendig. Einige Gedanken seien aber gestattet.

4.2 Fazit

Auch wenn prekär Beschäftigte Arbeitslosen und Sozialhilfeempfängern nicht ohne weiteres gleichgestellt werden können, gibt es doch deutliche Exklusionsprozesse, die nicht einfach ignoriert werden können. Das macht gerade auch ein Blick auf die Ausweitung prekärer Beschäftigungsverhältnisse seit 1990 deutlich[53]. Wenn mit der Umsetzung der gegenwärtig diskutierten Vorschläge bezüglich der Gestaltung des Arbeitsmarktes immer mehr Menschen in unsichere Verhältnisse an den Rand der Arbeitsgesellschaft gedrängt werden, dann muss das Konsequenzen für die gesamtgesellschaftliche Struktur haben. Wenn Arbeit und Konsum als integrierende Institutionen der gegenwärtigen Arbeitsgesellschaft ihrer Funktion nicht mehr gerecht werden, dann muss nach möglichen Alternativen gesucht werden. Ansatzweise konnten solche Alternativen bereits ausgemacht werden. Beispielsweise dann, wenn Individuen mehr oder minder bewusste Anstrengungen unternehmen, sich selbst nicht länger über Arbeit und Konsum zu definieren, sondern über Freunde und Familie[54]. Der Rückzug vom Arbeitsmarkt, zum Beispiel durch den Schritt in die Selbständigkeit, gekoppelt mit der Rückbesinnung auf Freunde und Familie als Identifikationshorizont und der Aufwertung der Freizeit, können zwar eine Neubewertung der eigenen Situation ermöglichen. Sie können aber nicht drüber hinwegtäuschen, dass der Einzelne selbst für seine Situation verantwortlich gemacht wird und insofern entsprechenden gesellschaftlichen Repressionen ausgesetzt ist. Selbst wenn der Einzelne die mit der Umwertung verbundenen Schwierigkeiten meistert, wird er nicht in Ruhe damit leben können, sondern durch gesellschaftliche Repression immer wieder darauf aufmerksam gemacht werden, dass er den gegenwärtig geltenden Werten und Normvorstellungen nicht gerecht wird.

Meines Erachtens ist es deshalb notwendig, nicht länger zu versuchen, die Betroffenen selbst für etwas verantwortlich zu machen, was in der Struktur des industriellen Kapitalismus begründet liegt. Stattdessen müssen neue Wege gesellschaftlicher Integration einerseits, und

---

[53] siehe Anhang E
[54] I 3:5/45-6/6

Modalitäten sozialer Sicherung unabhängig von Arbeit und Einkommen andererseits gefunden werden, wenn die Sicherheit der Existenz nicht mehr durch Erwerbsarbeit möglich ist. Diese Notwendigkeit wird insbesondere dann unmittelbar einsichtig, wenn man sich vergegenwärtigt, dass auch das Normalarbeitsverhältnis durch die bereits vollzogene und die noch angestrebte Lockerung des Kündigungsschutzes nicht mehr die Sicherheit der Existenz bietet, die Erwerbsarbeit ermöglichen sollte[55]. Denn nichts ist wichtiger für die Betroffenen. Auf die Frage nach seinen Vorstellungen von seiner beruflichen Entwicklung antwortet der 22jährige Interviewpartner 4: „Auf jeden Fall ne gesicherte Zukunft."[56]

---

[55] Wie jene Interviewpartner, die bereits einmal in einem Normalarbeitsverhältnis gearbeitet haben, sehr wohl erkennen.
[56] I 4:10/31f.

Literatur

Andreß, H.-J. (2000): Armut in Deutschland: Prozesse sozialer Ausgrenzung und die Entstehung einer neuen „Underclass"? Vorläufige Antworten auf der Basis von Umfragedaten. In: Büchle, F. / Diewald, M. / Krause, P. / Mertens, A. / Solga, H. (Hg)(2000): Zwischen drinnen und draußen. Arbeitsmarktchancen und soziale Ausgrenzung in Deutschland. Opladen

Bosch, G. / Kalina, Th. / Lehndorff, S. / Wagner, A. / Weinkopf, C. (2001): Zur Zukunft der Erwerbsarbeit. Arbeitspapier 43 der Hans-Böckler-Stiftung. Düsseldorf

Bundesarbeitsgemeinschaft der Sozialhilfeinitiativen e. V. (2003): Hattinger Memorandum gegen soziale Ausgrenzung – „Schrei nach Gerechtigkeit". http://www.labournet.de/diskussion/arbeit/realpolitik/allg/hattingen.pdf

Flick, U. (2002): Qualitative Sozialforschung. Eine Einführung. Reinbek bei Hamburg

Gebauer, R. / Petschauer, H. / Vobruba, G. (2002): Wer sitzt in der Armutsfalle? Selbstbehauptung zwischen Sozialhilfe und Arbeitsmarkt. Berlin

Groß, M. (1999): Die Folgen prekärer Arbeitsverhältnisse für das Ausmaß sozialer Ungleichheit: Einkommensbenachteiligung befristeter Arbeitsverträge. In: Lüttinger, Paul (Hrsg.): Sozialstrukturanalysen mit dem Mikrozensus, Mannheim: 323-353.

Gruppe Blauer Montag (1998): Gegen die Hierarchisierung des Elends. Überlegungen zu Prekarisierung, Existenzgeld und Arbeitszeitverkürzung. http://www.labornet.de

Kallmeyer, W. / Schütze, F. (1976): Konversationsanalyse. In: Studium der Linguistik 1, S. 1-25

Klammer, U. / Tillmann, K. (2001): Felxicurity: Soziale Sicherung und Flexibilisierung der Arbeits- und Lebensverhältnisse. Forschungsprojekt im Auftrag des Ministeriums für Arbeit, Soziales, Qualifikation und Technologie des Landes Nordrhein-Westfalen. Düsseldorf

Kronauer, M. (1995): Ausgrenzung am Arbeitsmarkt – auf dem Weg zu einer neuen „Underclass"? Überarbeitete Fassung eines Vortrags gehalten auf der International Conference on Empirical Poverty Research an der Soziologischen Fakultät der Universität Bielefeld, 17. – 18. November 1995

Kronauer, M. (1996): „Soziale Ausgrenzung" und „Underclass": Über neue Formen der gesellschaftlichen Spaltung. In: SOFI-Mitteilungen Nr. 24 / 1996. Göttingen, S. 53-69

Kronauer, M. (1999): Die Innen-Außen-Spaltung der Gesellschaft. Eine Verteidigung des Exklusionsbegriffs gegen seinen mystifizierenden Gebrauch. In: SOFI-Mitteilungen Nr. 27 / 1999, S. 7-14

Lamnek, S. (1989): Qualitative Sozialforschung. Bd. 2, Methoden und Techniken. München

Ochs, Ch. (1997): Mittendrin und trotzdem draußen – geringfügige Beschäftigung. In: WSI-Mitteilungen 9/1997. S. 640-650

rlp-online: Erwerbstätigkeit. Arbeitslose, offene Stellen und Kurzarbeit 1960-2004 nach Geschlecht. http://www.statistik.rlp.de/erwerbstaetigkeit

Rudolph, H. (2003): Geringfügige Beschäftigung im neuen Outfit. IAB-Kurzbericht Nr. 6/2003

Trube, A. / Wohlfahrt, N.: „Der aktivierende Sozialstaat" – Sozialpolitik zwischen Individualisierung und einer neuen politischen Ökonomie der inneren Sicherheit. http://www.lichter-der-grossstadt.de/html-Dokumente/Trube.htm

Vogel, B. (2001a): Arbeitslosigkeit und Ausgrenzung. Eine neue „soziale Frage"? In: Sozialpädagogisches Institut im SOS-Kinderdorf (Hg): SOS-Dialog: 2001. Forum. München

Vogel, B. (2001b): Überflüssige in der Überflussgesellschaft? Sechs Anmerkungen zur Empirie sozialer Ausgrenzung. In: Mittelweg 36, 1/2001

Wagner, A. (2000): Krise des „Normalarbeitsverhältnisses"? Über eine konfuse Debatte und ihre politische Instrumentalisierung. In: Schäfer, C. (Hg): Geringe Löhne – mehr Beschäftigung? Niedriglohnpolitik. Hamburg, S. 200-246

Zempel, J. / Frese, M. (1997): Arbeitslose: Selbstverantwortung überwindet die Lethargie. In: Psychologie heute. 6/1997, S. 37-41

Anhang A: Interview-Leitfaden

Berufsbiographische Daten

- Schule
- Berufsausbildung, -einstieg
- Entscheidungen

Familie

- ledig, verheiratet, getrennt, geschieden
- Kinder
  - Alter, Schule, Beruf, Hobbies
- Partner
  - berufliche Situation
- finanzielle Situation der Familie:
  - Haushaltseinkommen
  - Sparverträge, Anlagen

Tagesablauf

- Schlafzeiten, Essenszeiten
- Arbeitszeit, Freizeit

Arbeiten

- wo wie lange gearbeitet
- Transferzeiten (geschätzte)
- Vertragslaufzeit, Befristung, Einkommen
- Arbeitszeiten:
  - Beginn, Feierabend
  - Nacht- und Wochenendarbeit
- Weg zur Arbeit, wie lang, wie weit, wie zurückgelegt
- Urlaub, wo, wann (letztes und nächstes Mal)
- Haushaltseinkommen, reicht es? Sonstige Unterstützungen
- Arbeitslosigkeit: Einschränkungen
- was kommt als nächstes
- Vergleich mit anderen Angestellten:
  - Bezahlung, Meinungsäußerung, Arbeitszeit, Qualifikationen, Arbeitsbedingungen
- Team: wie viele, welche Stellung, Geschlechterverhältnis
- Anforderungen
- Ausbeutungsgefühle, Freiheitsgefühle

- soziale Verhältnisse am Arbeitsplatz: herzlich-distanziert-problematisch, formelle und informelle Hierarchien, Urlaub (Bevorzugung) Mobbing
- Stellenwert der Arbeit:
  - Identität durch Arbeit, Familie, Freizeitaktivitäten
- Teilnahme an gewerkschaftlichen Aktionen
- Weiterbildung, ABM etc.

Freizeit

- Aktivitäten nach Feierabend, Samstags abends, Wochenende
- aktive Freizeit, Hobbies
- Verein, Partei, aktiv?
- Einkaufen, Weggehen, Kino etc

Wohnen

- wo, Miete oder Eigentum, Wohnfläche
- Anzahl der Mitbewohner, Nachbarn, Straße
- Verhältnis, Kontakt zu den Nachbarn, Besuch
- Alter der Nachbarn
- Umzüge, wann, von wo nach wo

Herkunftsfamilie

- Eltern: Berufe, Wohnort

Sonst

- Rauchen
- Ernährung
- politische Partizipation
- Erfahrungen mit Ämtern, Sachbearbeitern
- Erfahrungen mit der Staatsgewalt, Polizei, Gericht
- Kirche, Glauben

Anhang B: Schlüssel der in den Transkriptionen verwendeten Zeichen

I: Interviewer

B: Befragter

...	abgebrochener Satz
(Pause)[Grund]	lange Pause
hm	Pausenfüller, Rezeptionssignal, Stimme senkend
hmhm	Pausenfüller, Rezeptionssignal, zweigipflig
[lacht]	der Sprecher tut es
[lachen]	beide tun es
(?)	unverständlich, murmeln
&	auffällig schneller Anschluss

I: Wie endete die Umschulung genau, mit was für nem..
B: + Ich ...ja, wir warn ..., ich bin Fachinformatikerin

gleichzeitiges Sprechen, der zweite setzte bei dem Zeichen ein

(-)   markiert einen Satzteil, der im Zitat ausgelassen wurde

Anhang C: Erläuterungen zur Begrifflichkeit der thematischen Struktur

1. Erwerbsbiographie

1.1. Zufall, Glück vs. Eigeninitiative

Unter diesem Punkt soll geklärt werden, ob der Fall durch ein hohes Maß an Eigeninitiative und aktiver Gestaltung seiner Erwerbsbiographie gekennzeichnet ist, oder ob es sich vielmehr um eine Sammlung von Zufällen handelt.

1.2. Marktbewusstsein

Mit Marktbewusstsein ist ein Bewusstsein für den eigenen Wert gemeint. Es wird geprüft, ob der Fall evtl. Phasen der Arbeitslosigkeit oder reduzierter Beschäftigung seiner eigenen Unfähigkeit oder den Bedingungen des Marktes zuschreibt; d. h. ob er sich selbst oder die Gesellschaft für seine Lage verantwortlich macht.

1.3. (Angst vor) Ausbeutung

Es wird untersucht, inwieweit der Fall Erfahrungen mit der Ausbeutung seiner Arbeitskraft gemacht hat, oder er Angst davor hat.

1.4. Moral, Stolz

Besondere prinzipielle Einstellungen des Falls werden herausgearbeitet. Dabei kann es sich um moralische Wertvorstellungen handeln, um Willenskraft oder beispielsweise um die Weigerung, in die Kirche einzutreten. Es wird gefragt, inwieweit diese Prinzipien die Erwerbsbiographie beeinflusst haben.

2. Betriebliche Ebene

2.1. Arbeitsverhältnis als Notlösung

Untersucht wird, ob der Fall sein gegenwärtiges Arbeitsverhältnis als Notlösung ansieht, die er nur einging, weil er keine andere Wahl hatte, oder ob eine gewisse Zufriedenheit mit der eigenen Lage zu verzeichnen ist.

2.2. Individuelles Arrangement mit dem Arbeitgeber

Hierbei handelt es sich um Abmachungen zwischen Arbeitgeber und Arbeitnehmer, die ursprünglichen Vereinbarungen und herkömmlichen Regelungen widerspricht. Angebote zu solchen Arrangements werden immer wieder von beiden Seiten gemacht und es wird untersucht, inwieweit sie für den Fall förderlich oder hinderlich waren.

2.3. Qualifikation und Anforderungen

Unter Qualifikation wird alles verstanden, was mit beruflicher Aus- und Weiterbildung zu tun hat. Der Begriff soll Kenntnisse und Kompetenzen des Falls fassen. Im Gegensatz dazu ist mit Anforderungen all das gemeint, was im Laufe eines Arbeitstages als Aufgabe an den Fall herantritt. Es wird geprüft, inwieweit Qualifikation und Anforderungen sich widersprechen, oder zusammen passen.

2.4. Soziale Bedingungen am Arbeitsplatz

Hierunter wird das Verhältnis zu und zwischen den Kollegen gefasst, wie auch das Betriebsklima im Allgemeinen. Es wird gefragt, inwieweit es sich auf den Fall auswirkt.

3. Zwischen Arbeit und Leben

Entgegen dem ursprünglichen Plan, die relevanten Faktoren unter die Ebenen des Privaten, Betrieblichen und Gesellschaftlichen zu subsumieren, legten die ersten Auswertungen die Einführung einer Ebene nahe, unter der sich Aspekte fassen lassen, die alle drei Bereiche berühren.

3.1. Trennung von Arbeit und Privatleben, organisches Leben

Es wird gefragt, ob eine Trennung von Arbeit und Privatleben in der herkömmlichen Weise festzustellen ist, oder ob organisches Leben vorliegt. Damit ist eine Alltagsorganisation gemeint, die sich nicht in der Hauptsache an festgesetzten Arbeitszeiten orientiert, sondern im weitesten Sinne an den körperlich-organischen Bedürfnissen des Falls.

3.2. Zeitmanagement

Die zeitliche Organisation des Tagesablaufs und der Arbeit soll beobachtet werden.

3.3. Mobilität

Wichtig erscheint, zu klären, wie weit der Mobilitätsrahmen des Falls ist. Ob er bspw. über ein Auto verfügt und regelmäßig aus dem Heimatort heraus kommt, oder ob er alle Aktivitäten im Heimatort eingruppiert.

3.4. Nutzung privater und beruflicher Kontakte

Es wird geklärt, inwieweit der Fall berufliche und private Kontakte für seine berufliche Weiterentwicklung nutzte.

4. Private Ebene

4.1. Familiäre Unterstützung, Einschränkungen durch Kinder

Es wird beobachtet, ob der Fall finanzielle Unterstützung aus der Familie erhält und welche Einschränkungen er evtl. durch Kinder hinnehmen muss. Es wird gefragt, wie sich das auf die Erwerbsbiographie auswirkt.

4.2. Umwertung, Verlagerung der Prioritäten

Es wird gefragt, ob eine Verlagerung der Prioritäten weg von der Arbeit hin zum privaten Umfeld des Falls oder umgekehrt zu verzeichnen ist.

4.3. Aufwertung der Freizeit, Bildung

Es wird gezeigt, wie der Fall seine Freizeit nutzt. Insbesondere soll deutlich werden, inwieweit er in der Lage ist, den allgemein üblichen Freizeitbeschäftigungen nachzugehen.

5. Gesellschaftliche Ebene

5.1. Prekarität der finanziellen Situation, ökonomische Ausgrenzung

Die finanzielle Situation des Falls soll seinen Bedürfnissen gegenübergestellt werden. Es wird gefragt, ob er seine Bedürfnisse aus seinen finanziellen Mitteln heraus befriedigen kann.

5.2. Ökonomische und institutionelle Ausgrenzung

Es wird beobachtet, inwieweit ökonomische und institutionelle Ausgrenzung sich gegenseitig bedingen und welche Ausbruchsstrategien Individuen entwickeln.

5.3. Zwangsintegration

Allen Versuchen, einen weniger negativen Begriff für diesen Aspekt zu finden, lachte die in einigen Interviews gefundene Realität hohn. Es handelt sich hierbei um staatliche Versuche der Integration, die gegen den Willen des Betroffenen unternommen wurden. Mechanismen zur Durchsetzung dieser staatlichen zwangsweisen Integration sollen herausgearbeitet werden.

5.4. Drang nach Selbstbestimmung und Gestaltungsmöglichkeiten

Es wird geprüft, inwieweit der Fall über einen eigenen Gestaltungswillen verfügt und diesen auch gegenüber Ämtern und Sachbearbeitern, aber auch gegen den eigenen Chef, durchsetzt.

6. Zukunftsvorstellungen

6.1. Prinzip Hoffnung

Es wird gefragt, inwieweit Hoffnung ein Mittel zur Entschärfung der Unsicherheit ist, und wer über besonders viel Hoffnung verfügt.

6.2. Gesellschaftliches Problembewusstsein

Es soll geklärt werden, inwieweit der Fall am politischen und gesellschaftlichen Geschehen partizipiert, welchen Vorstellungshorizont bezüglich der Gesellschaft existiert und wie er innerhalb der Gesellschaft handelt.

6.3. Unsichere Zukunft

Es wird gezeigt, wie der Fall sich seine Zukunft vorstellt, was er plant, oder nicht planen kann, welche Wünsche und Träume er hat, was er sich für sein Leben noch vorstellt.

Anhang D: Kurzbeschreibung der Fälle

I 1:   Geschlecht: weiblich   Alterskategorie: 36 – 45 Jahre
Die Interviewpartnerin hat eine befristete halbe Stelle und wird finanziell von ihren Eltern unterstützt. Obwohl sie einmal die Chance auf eine unbefristete volle Stelle hatte, lehnte sie aus familiären Gründen ab. Ihr Leben ist geprägt durch eine starke Sehbehinderung und den Kampf um ihre Kinder. Nach der Trennung hatte ihr Mann das Sorgerecht zunächst für beide Kinder erhalten, weil sie, auf Anraten des Jugendamtes, ihren ersten berufsqualifizierenden Abschluss erwarb und nicht ausschließlich für die Kinder da war. Die angebotene Vollzeitstelle lehnte sie ab, um das Sorgerecht für eines der Kinder zu erhalten. Seit das Kind, für das sie inzwischen das Sorgerecht erhielt, älter ist, möchte sie wieder mehr Prioritäten auf ihre berufliche Entwicklung setzen. Sie wünscht sich eine Übernahme in ein Normalarbeitsverhältnis an ihrem jetzigen Arbeitsplatz und einen Lebenspartner.

I 2:   Geschlecht: weiblich   Alterskategorie: 36 – 45 Jahre
Die Interviewpartnerin arbeitet auf geringfügiger Basis. Weil sie einen Sparvertrag hat, erhielt sie nie Arbeitslosenhilfe. Der Vertrag ist ihr ganzer Stolz, den sie auf keinen Fall aufgeben möchte. Mit ihm verbindet sie ihre Träume für die Zukunft in einem eigenen kleinen Häuschen. Sie lebt mit ihrem Lebenspartner zusammen, der zwar ebenfalls arbeitslos ist, jedoch Anspruch auf die entsprechenden Leistungen hat. Darüber hinaus wird sie von ihrer Tochter unterstützt, die sich allerdings noch in der Berufsausbildung befindet. Sie selbst hat eine abgeschlossene Berufausbildung, hat in ihrem Beruf aber noch nie gearbeitet. Ihr dringlichster Wunsch ist eine Vollzeitstelle für sich selbst oder den Lebenspartner.

I 3:   Geschlecht: männlich   Alterskategorie: 36 – 45 Jahre
Der Interviewpartner ist selbstständiger (Ich-AG) Fachinformatiker. Er arbeitet auf Auftrag für mittelständische Unternehmen. Seine Lebenspartnerin, mit der zusammen er ein kleines Häuschen bewohnt, ist vollzeit angestellt und unterstützt ihn finanziell. Die Verbindung zwischen Privatleben und Arbeitsleben ist ihm sehr wichtig. In seiner zeitlichen Selbstorganisation vermischt sich beides. Immer wieder betont er, dass er sich nicht über seine Arbeit identifiziere, sondern über Freunde und Familie.

I 4:   Geschlecht: männlich   Alterskategorie: 18-25
Der Interviewpartner ist Mediengestalter. Über seine Ich-AG übernimmt er Aufträge für kleine Unternehmen und Existenzgründer. Er wohnt zusammen mit seinem Kollegen in einer WG. Freizeit und Berufliches sind kaum voneinander zu trennen. Der Interviewpartner möchte bald studieren gehen, wobei die Finanzierung dieses Studiums über die Ich-AG laufen soll. Der Interviewpartner hat keine familiären Verpflichtungen.

I 5:   Geschlecht: weiblich   Alterskategorie: 46 – 55 Jahre
Die Interviewpartnerin ist allein erziehende Mutter von drei Kindern, von denen zwei noch zuhause leben. Das Kind, das bereits ausgezogen ist, muss sie finanziell unterstützen. Nach der Hauptschule war sie zunächst einige Zeit in einem Normalarbeitsverhältnis beschäftigt, kündigte dort aber. Dann jobbte sie in unterschiedlichen Bereichen, vom Zeitung austragen

bis zur Großküche. Auch in der Ehe und nach der Geburt der Kinder hatte sie meist noch mehrere Jobs gleichzeitig. Als sie sich beruflich verändern, weiterbilden oder umschulen, lassen wollte, zerbrach ihre Ehe. Die Umschulung zur Fachinformatikerin absolvierte sie dennoch. Zur Zeit arbeitet sie befristet als Lehrerin für Informatik an einer Schule in der Nähe ihres Wohnortes. Nebenher macht sie an der Abendschule (online) das Abitur nach. Zunächst nur als Hobby gedacht, verbindet sie inzwischen auch berufliche Ambitionen mit dem Abitur. Ihr Wunsch wäre eine Übernahme in ein festes Arbeitsverhältnis an ihrem jetzigen Arbeitsplatz.

(I 6: Geschlecht: weiblich Alterskategorie: 26-35
Die Interviewpartnerin ist Sozialhilfeempfängerin und insofern außerhalb der Zielgruppe. Obwohl viele interessante Aspekte zur Sprache kamen, musste das Interview deshalb von der Auswertung ausgeschlossen werden.)

I 7: Geschlecht: männlich Alterskategorie: 26-35
Der Interviewpartner ist gelernter Bauzeichner. Nach dem Abitur, das er auf dem zweiten Bildungsweg erlangte, studierte er Biogeographie. Er arbeitet in einem befristeten Beschäftigungsverhältnis. Der Interviewpartner lebt mit seiner Frau und seiner Tochter vorübergehend bei seinen Eltern. Er möchte gerne später ein eigenes kleines Häuschen in der Nähe seines jetzigen Wohnortes erwerben. Charakteristisch für seinen beruflichen Werdegang ist die ständige Fortbildung und Qualifizierung, für die er beispielsweise arbeitslose Phasen und seine Freizeit nutzte. Obwohl er sich in seiner Freizeit mit berufsnahen Dingen beschäftigt, trennt er Berufliches und Privates klar voneinander.

I 8: Geschlecht: weiblich Alterskategorie: 26-35
Die Interviewpartnerin ist allein erziehende Mutter von zwei Kindern. Ihre erste Berufsausbildung konnte sie aufgrund einer Schwangerschaft nicht beenden. Über das Arbeitsamt absolvierte sie eine Ausbildung zur Bürokauffrau, als ihre Kinder bereits in den Kindergarten gingen. Neben ihrer Teilzeitbeschäftigung geht sie aus finanziellen Gründen noch einer geringfügigen Beschäftigung am Wochenende nach. Sie arbeitet sieben Tage in der Woche. Ihr Lebensmittelpunkt sind ihre Kinder. Sie stell geringe Ansprüche an ihren Arbeitsplatz und wäre daher auch bereit, einer unqualifizierten Beschäftigung nachzugehen, wenn es sich als notwendig erweisen sollte. Sie kann sich keinen Urlaub leisten. Das empfindet sie als besonders belastend.

I 9: Geschlecht: männlich Alterskategorie: 46-55
Nach vier Jahren bei der Bundeswehr absolvierte der Interviewpartner eine Ausbildung zum Mess- und Regelmechaniker. Nach einigen Jahren Berufstätigkeit als Servicetechniker für Computeranlagen schloss sich eine Phase der Arbeitslosigkeit an. Aus der Arbeitslosigkeit heraus begann der Interviewpartner eine Ausbildung zum staatlich geprüften Techniker und machte sich anschließend mit einer familienbetriebsartigen Firma selbständig. Dabei ist er auf ständige Weiterbildung und die Aneignung der neuesten Technologien angewiesen. Der Interviewpartner lebt zusammen mit seiner Lebensgefährtin und ihrem Sohn in ihrem Haus. Beide sind finanziell nicht auf ihn angewiesen. Er muss allerdings Unterhalt für zwei eigene

Kinder zahlen, die bei ihrer Mutter leben. Obwohl er sich einen geregelten Tagesablauf wünscht, ist das nicht immer möglich. Eine Trennung zwischen Arbeit und Privatleben hat er bewusst eingeführt.

I 10:   Geschlecht: männlich   Alterskategorie: 46-55

Der Interviewpartner ist selbständiger Informatiker, der auf Auftrag für große Unternehmen im Security-Consulting-Bereich tätig ist. Die Erwerbsbiographie ist gekennzeichnet durch zahlreiche formal wie inhaltlich unterschiedliche Tätigkeiten, die immer wieder auch von Phasen der Arbeitslosigkeit und Tätigkeiten im illegalen Bereich unterbrochen waren. Er lebt allein, muss aber Unterhalt für seine drei Kinder bezahlen, die bei den Müttern leben. Seinen derzeitigen beruflichen Erfolg schreibt der Interviewpartner im Wesentlichen persönlichen Kontakten zu, über die immer wieder Aufträge kämen. Wie alle selbständigen Interviewpartner schätzt er Freiheit und Selbstbestimmung insbesondere bei den Arbeitszeit hoch ein.

Anhang E: Prekäre Beschäftigung – einige Zahlen

Wenn auch quantitative Daten keine Aussagen über den individuellen Problemhorizont prekärer Beschäftigung zulassen, so kann ihre Berücksichtigung doch aufschlussreich sein. Denn gerade durch die Veranschaulichung der Zuwächse prekärer Beschäftigung in Deutschland in den Abbildungen 1 und 2 wird die Relevanz exemplarischer Fälle, wie sie in dieser Arbeit untersucht wurden, deutlich. Wenn man sich bewusst macht, für wie viele Menschen inzwischen in ähnlichen beruflichen Situationen stehen, und wie viele in naher Zukunft noch dazu kommen werden, dann wird schnell einsichtig, dass es sich hierbei nicht mehr um ein Minderheitenproblem handelt.

Wie aus den Abbildungen 1 und 2 hervor geht, hat sich prekäre Beschäftigung sowohl in absoluten Zahlen als auch in Relation zur Gesamtheit abhängiger Erwerbstätigkeit seit 1985 stark ausgeweitet. Sichtbar wird vor allem ein deutlicher Anstieg der Teilzeitarbeit seit 1985 von etwa 3,3 Millionen auf 7,2 Millionen 2000. Damit lag der Anteil der Teilzeitarbeit bei knapp 20%. Befristung weitete sich seit 1985 von 2,7 Millionen Betroffenen auf 4,4 Millionen Betroffene 2000 aus. Mit 11,9% stellen befristete Verhältnisse nach der Teilzeitbeschäftigung offensichtlich die häufigste Form prekärer Beschäftigung dar.

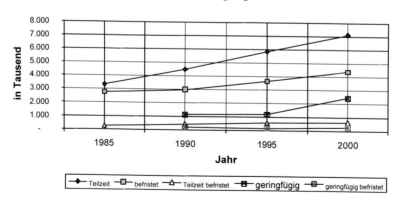

Zuwachs prekärer Beschäftigung 1985 bis 2000

Quelle: Klammer (2001), eigene Berechnungen

Abb. 2: Prozentualer Anteil an Erwerbsarbeit 2000

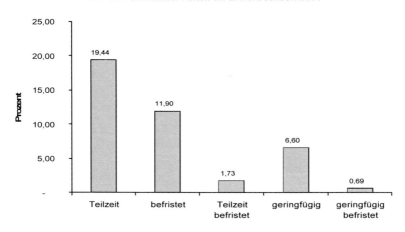

Quelle: Klammer (2001), eigene Berechnungen[57]

Darüber hinaus ist auch ein Anstieg geringfügiger Beschäftigung seit 1995 auf 2,4 Millionen Personen zu verzeichnen[58]. Berechnungsgrundlage waren Daten des staatlichen Erhebungsinstruments Mirkozensus, wie sie bei Klammer (2001) dargestellt sind. Aufgrund des Erhebungskonzepts ist davon auszugehen, dass die Daten nicht völlig realistisch sind. Für 1996 stellt das sozio-ökonomische Panel des Instituts für Wirtschaftsforschung, Berlin, für geringfügiger Beschäftigung eine Zahl von 3,5 Millionen auf. Ähnlich sind die Diskrepanzen bei den anderen Beschäftigungsformen[59]. Und auf Grund der politisch intendierten Ausweitung des Niedriglohnsektors ist damit zu rechnen, dass die Anteile prekärer Beschäftigung weiter steigen werden, auch wenn Niedriglohn nicht per se unsichere Beschäftigung bedeutet.

---

[57] Man beachte, dass befristete Teilzeitbeschäftigung auch befristete Beschäftigung und Teilzeitbeschäftigung ist; sowie geringfügige befristete Beschäftigung auch geringfügige und befristete Beschäftigung ist. Die Prozentzahlen müssen also in Wahrheit etwas höher veranschlagt werden.
[58] Daten für geringfügige Beschäftigung liegen erst seit der Einführung der Meldepflicht 1990 vor.
[59] vgl.: Ochs (1997)